कुसुमाग्रज की चुनी सुनी नज़्में

कुसुमाग्रज की चुनी सुनी नज़्में

तर्जुमा

गुलज़ार

वाणी प्रकाशन

प्रकाशन के उत्कृष्टतम 60 वर्ष

vaniprakashan.com

पहला संस्करण : 2007
दूसरा संस्करण : 2010
तीसरा संस्करण : 2016
चौथा संस्करण : 2017
पाँचवाँ संस्करण : 2020
छठा संस्करण : 2024

वाणी प्रकाशन
4695, 21-ए, दरियागंज, नयी दिल्ली-110 002
फ़ोन : +91 11 23273167, 23275710

शाखाएँ
अशोक राजपथ, पटना-800 004, बिहार
कॉफ़ी हाउस कैम्पस, महात्मा गांधी मार्ग, इलाहाबाद-211 001, उत्तर प्रदेश
महात्मा गांधी अन्तरराष्ट्रीय हिन्दी विश्वविद्यालय, वर्धा-442 001, महाराष्ट्र
36/ए, शेक्सपियर सरणी, रानी बिरला गर्ल्स कॉलेज के पास, कोलकाता-700 017, प. बंगाल
sales@vaniprakashan.in
vaniprakashan@gmail.com

KUSUMAGRAJ KI CHUNI SUNI NAZMEIN
Translated by Gulzar

ISBN : 978-81-8143-598-9
Collection of Nazmes

आर. टेक ऑफ़सेट प्रिंटर्स, दिल्ली-110 032 में मुद्रित

वाणी प्रकाशन का लोगो मक़बूल फ़िदा हुसेन की कूची से

इन्तसाब

अरुण शेवते और अमृता सुभाष
दोनों मुझ से छोटे हैं
अरुण कविताओं का चुनाव करता रहा
अमृता हामी भरती रही,
दोनों की मदद से मेरा ये होमवर्क पूरा हुआ!
वो न होते तो ये तर्जुमा हर्गिज़ न हो पाता!!

शुक्रिया

शीन काफ़ निज़ाम

अनुक्रम

कुसुमाग्रज

पूना जाओ तो श्री पु.ल. देशपाण्डे 'पी एल' से ज़रूर मिलना होता था। और नासिक जाओ तो श्री वी. वी. शिवालकर 'कुसुमाग्रज' से। बम्बई से बाहर निकलने के यही दो रास्ते हैं ...और दोनों शहराओं पर मराठी लिटरेचर के दो दानिश्वर और शायर रहते थे। 'कुसुमाग्रज' से दो या तीन बार मुलाक़ात हुई। 'पी. एल. जी' से कई बार और कई बरसों तक मिलता रहा। दोनों की शायरी और ड्रामे, पढ़े देखे और सुने थे। ज़्यादातर मराठी के जानकार दोस्तों के ज़रिए, या अंग्रेज़ी और उर्दू हिंदी तर्जुमों के ज़रिए। उन दोस्तों में मराठी के शायर 'अरुण शेवते' एक ऐसे दोस्त हैं जो मेरे साथ नासिक का सफ़र भी करते रहे।

'कुसुमाग्रज' का शायराना मिज़ाज मुझे छू गया था। उनकी बेसाख़्तगी और सादा बयानी ख़ास तौर पर। हालाँकि बहुत मुश्किल नज़्में भी लिखते हैं लेकिन रोज़मर्रा के छोटे-छोटे वाक़्यात को बयान करना उनका ख़ासा है। जब उर्दू हिंदी दोस्तों के साथ उस ज़ख़ीरा शायरी की सैर करना चाहा तो अरुण शेवते बहुत काम आए। अपने अन्दाज़े से पचास साठ नज़्में चुन कर मेरे हवाले कीं - और एक अच्छे तैराक दोस्त की तरह पुल से पानी में धकेल कर मुँह फेर लिया, और सोच लिया कि मैं डूबूँगा नहीं और डूबने लगा तो वो पहुँच जाएँगे।

न मैं डूबा, न वो लौट कर आए। हाथ पाँव मारे। एक मुख़्तसर सी, छटंकी भर लड़की अमृता सुभाष हाथ लग गई। उसे एक फ़ंक्शन में 'कुसुमाग्रज' की नज़्में पढ़ते सुना था, और तर्जुमा कर के हिंदी में समझा रही थी। समझाते हुए अंग्रेज़ी, हिंदी और हाथ पाँव इस्तेमाल करती थी... मैंने उसे भी पुल से पानी में खींच लिया। वो साथ साथ तैरती रही, डुबकियाँ ग़ोते खाती रही और आख़िरकार उस किनारे पर पहुँचे जहाँ अब हैं। सौ से ज़्यादा नज़्मों का तर्जुमा हम कर चुके हैं।

मैं अगर ओरिजनल (Original) नज़्म के छंद वैसे ही रखता जैसे हैं, और उसी तरह क़ाफ़िया बंदी से काम लेता तो क़ाफ़िया निभाने में इमेजरी और मतलब दोनों असल नज़्म से दूर हो जाते थे। और कुसुमाग्रज की बेसाख़्तगी और अन्दाज़े-गुफ़्तगू बदल जाता था। मैंने नज़्म के पास पास बल्कि बिल्कुल साथ साथ चलने को तर्जीह दी ताकि कुसुमाग्रज का लहजा न बदले। और मुहावरा हिन्दुस्तानी हो जाए।

मसलन : गर्भा सलामत !
भगवान पचास!

हिंदी में लिखते हुए, मुहावरा हज़ार का हो जाता है मतलब वही रहता है।

गर्भा सलामत !
भगवान हज़ार!

फिर भी तमाम नज़्में बहर में हैं, मीटर में। नस्री नहीं हैं। उनवान भी नज़्मों के वही रखे हैं जो मराठी में हैं। ताकि हवाले के साथ नज़्म तलाशने में दुश्वारी न हो।

"रीढ़" एक नज़्म है। मराठी में क़ाफ़िया बंद है लेकिन उर्दू में आज़ाद हो गई।

हवाला :

मराठी में तू का ख़िताब बड़े अहतराम का ख़िताब है। तुम का ख़िताब नहीं है। मैंने बहुत जगह नज़्म की मुनासबत से उसे तुम कर दिया। मसलन : नज़्म "रद्दी" में कुछ जगह यूँ भी हुआ कि ज़बान के मुहावरे का लिहाज़ करते हुए नीचे का मिसरा ऊपर कर लिया और ऊपर का मिसरा नीचे कर दिया जिस से बयान की रवानी बेहतर हो गई। मसलन : नज़्म "अफ़सोस" में....

बड़े बुज़ुर्ग
इन पैरों को

सैकड़ों हाथ
स्र्पश करें
यूँ हो गया।
सैकड़ों हाथ
स्पर्श करें
बड़े बुज़ुर्ग
इन पैरों को

वजह थी कि कुसुमाग्रज, पैरों को 'बुज़ुर्ग' कह रहे थे।

उसी तरह एक छोटी सी नज़्म है "मिडल क्लास" उस में दो तीन मिसरों की तरतीब बदल गई है। लेकिन मानी और इमेज उसी तरह क़ायम है!

"शरीर" नाम की एक और नज़्म है जिस में पहला मिसरा, आख़िर में दोबारा दोहराने से मुझे लगा कि मानी और वाज़ए हो गए हैं।

कुछ नज़्में हैं, जिन में सूफ़ियाना इशारे तो मिलते हैं लेकिन उन की तशरीह करना भी सूफ़ियों का ही काम है। लेकिन इमेजरी इतनी ख़ूबसूरत है कि वो अपने आप में मुकम्मिल नज़्म हो जाती है।

'मराठी' मेरी मादरी ज़बान नहीं लेकिन उस ज़मीन की बोली है, जिस ने पिछले पचास बरसों से मेरी परवरिश की है। पंजाब से निकली मेरी जड़ों को पनाह दी है। महाराष्ट्र की समन्द्री हवाओं का नमक खाया है। इस लिए उस ज़बान का मज़ा जानता हूँ। क़र्ज़दार भी हूँ। क़र्ज़ चुका रहा हूँ।

- गुलज़ार

रीढ़

''सर मुझे पहचाना क्या?'' बारिश में कोई आ गया
कपड़े थे मुचड़े हुए और बाल सब भीगे हुए
पल को बैठा, फिर हँसा और बोला ऊपर देखकर
''गंगा मैया आई थीं, मेहमान होकर
कुटिया में रह कर गईं!
माइके आई हुई लड़की की मानन्द
चारों दीवारों पे नाची
ख़ाली हाथ अब जाती कैसे?
ख़ैर से, पत्नी बची है
दीवार चुरा हो गई, चूल्हा बुझा,
जो था, नहीं था, सब गया!
'' 'प्रसाद' में पलकों के नीचे चार क़तरे रख गई है पानी के!
मेरी औरत और मैं, सर, लड़ रहे हैं
मिट्टी कीचड़ फेंक कर,
दीवार उठा कर आ रहा हूँ!''
जेब की जानिब गया था हाथ, कि हँस कर उठा वो...
'न न', न पैसे नहीं सर,
यूँही अकेला अलग रहा था!
घर तो टूटा, रीढ़ की हड्डी नहीं टूटी मेरी...
हाथ रखिए पीठ पर और इतना कहिए कि लड़ो... बस!''

अज़ख़ुद

इस दौर में क्या
कभी 'उजाला' उगा नहीं?
'उगा'..... मैं बोला
ख़ूब उगा...
...जगह जगह पर उगता रहा
रंग-ब-रंग भी उगा उजाला
और ये दीवारों से रस्ता रहता है
फिर भी ये अन्धेरा
यूँही क़ायम रहा
क्योंकि ये अन्धेरा
''अज़ख़ुद'' है ये
''नफ़ी'' नहीं है 'उजाले' का!

फ़िलहाल

जी........!
आपके दानिश भरे ये वाज़ सब
ख़ूब हैं
आपकी रेशम कढ़ी ये नर्म बातें
ग़ौर के क़ाबिल हैं सब....
सब सर आँखों पर
आपके क़दमों में बैठूँगा
सुनूँगा,
और सीखूँगा बहुत,
फ़िलहाल, लेकिन
ऐ अज़ीज़ो, दोस्तो,
जाने दो मुझ को
पास के जंगल में
सर्दी से ठिठुरते
नंगे बच्चों के लिए
मुझ को जाना है
उन के आँगन में
लकड़ी जलाना है!!

आईना

आईनों को आदत नहीं है
जो रूप देखें, वो पास रख लें
मगर ये आईना.... कुछ अलग है!

लगा रही थी वो फूल बालों में
और झाँका था इस में, उस ने
अनोखे इस आईने में, तब से
मुक़र्रर वक़्त पर हमेशा
ये फ़्रेम भर के
नुमायां हो जाता है वो चेहरा!!

बेदाग़

जुड़े नोरतन ज़ेवर
उतारे सारे अंगों से
वो मेरे सामने आकर खड़ी थी,
बालाख़िर....
बड़ी बारीक सी इक ओढ़नी थी जिस्म से
लिपटी हुई वो भी उतारी
उसे भी दूर फेंका
बड़ी हैरत से देखा मैंने
कोरा पाक रूप उस का
और पूछा...
कौन हो तुम?
ज़रा सी मुस्कराई और बोली
वही... तुम्हारी नज़्म हूँ मैं!

याद

फूल की इन पत्तियों पर
पाँव रखते....
आतिशी राहों की याद आती है तो....
पाँव झुलसने लगते हैं!

आग की उस राह पर
साथियों की याद तब
चीर देती है फ़लक महका हुआ
ये फूल.... उस पर, और फूल!!

आख़िर हासिल

आधी रात
बीत चुकी तो,
शहर के पाँचों पुतले
एक थड़े पर बैठ गए
और आँसू पिघलाने लगे
'जिवती बा' थे, बोले
''मैं तो आख़िर ठहरा मालियों का।''
शिवाजी महाराज भी बोले,
''और मैं सिर्फ़ मराठों का।''
बोले अम्बेडकर,
''मैं तो बोधियों का ही ठहरा।''
तिलक ने कहा कि
''मैं चितपावन ब्राह्मणों का हूँ।''
गाँधीजी....
तब रुँधा गला खँखार के बोले,
''आप वड़े खुशकिस्मत हैं सब
कम से कम, एक जमात तो, फिर भी आप
के पीछे है।
मेरे पीछे तो...
सरकारी कचहरियों की दीवारें हैं!!''

जवाब

बीच आसमां, सात ऋषि
एक सुबह, पूछा मैंने
मैं और आप हमेशा ही,
तारीकी के माहौल में चलते रहते हैं
मेरा तो ज़मीं से
बन्धन है.... लेकिन
आप फ़लक के, ऋषि मुनि, लाफ़ानी हैं!
आप को इस गर्दिश का मक़सद कोई समझ में आता है क्या?
एक ऋषि ने मुँह फेरा और
मायूसी के सुर में बोला
मक़सद समझ गए होते तो....
ख़त्म हुई होती गर्दिश
गर्दिश ही में अंत भी होगा
बेमक़सद इस गर्दिश में ही
सारा खेल, तुम्हारा मेरा,
फँसा हुआ है!!

पगडंडी पर

ज़मीं पे............
　　कीचड़ में चलते चलते
फिसल के पाँव
गिरा था सीधा ही कहकशा में
बड़ी मशक़त से,
　　गिरते पड़ते
　　　　उलट पलट के,
निकाला पाँव, बालाख़िर उसने,
और आगे चलने लगा वो फिर से!
और अब....
वही है पगडंडी और उसके पाँव से अब
सितारों की एक गर्द उड़ती है
हर क़दम पर!!

गिद्ध

आसमान......
लाल सुर्ख़,
ख़ूँ से लिथड़ी बोटियों से ताउफ़क़
धँसा ठँसा....!
और ज़मीन पे
आसमान की तरफ़
एक टिक देखते
गिद्ध ही गिद्ध
मुन्जमिद.... बेशुमार
इस उफ़क़ से.... उस उफ़क़ तलक!!

रद्दी

एक दफ़ा,
जब राशन ख़त्म हुआ था तो
रद्दी निकाली थी घर से
कि बेच आएँ!
हँस के कहा था तू ने तब
कहो तुम्हारी नज़्में भी, डाल दूँ उन में ?
उन से वज़न बढ़ जाएगा।
मैंने कहा था :
''कल जो वक़्त करेगा,
वो मत आज करो!''
आँखें भर आई थीं तेरी!
और कहा था :
''मैं तो क्या....
वो वक़्त भी न कर पाएगा!!''

बुत अहसानमंद हैं

मालाएँ, हार पहुँचे
और जय जय कार पहुँची
और लशकरी सलामी
जो सोचा भी नहीं था।

घर बार फूँक कर जब
हम दार पर चढ़े थे
जब ख़ूँ बहा रहे थे
कुछ ख़्वाब थे हमारे।

मुफ़लिस के सर पे छप्पर
नंगे बदन पे कपड़ा
और भूखे पेट दाने
आज़ादी ऐसी होगी।

ऐलान हो गया जब
और बुझ गए दिए सब
फिर आधी रात गुज़री
सन्नाटे तोड़ कर तब
कुछ ग़ौल गीदड़ों के
आए तो थूथ्नी में
ख़्वाबों के चीथड़े थे!

वो भी पहुँच गए हैं!!

दीवार पर

जो कल तक रास्तों पर चलते फिरते थे
वो सब दीवार पर तस्वीर बन के सज गए हैं
बहुत से रिश्तों में मिलने बिछड़ने वाले याराने
गुज़र के वक़्त से, यादों में थोड़े बच गए हैं।
यही अन्जाम होना है, सभी का, और मेरा भी यक़ीनी है
ख़्याल आता है तो दीवार पर चढ़ती हुई तस्वीर अपनी देखता हूँ मैं
बयाँ कुछ काटे पीटे, 'मातमी मीटिंग' के मौक़े पर
ख़बर अख़बारों में, कॉलम या एडिटोरियल कोई
ये सब तो ठीक है, होगा, मगर अफ़सोस तो ये है
जिसे सब से ज़्यादा सदमा होता मेरे जाने का
वो मुझ से पहले ही दीवार ऊपर चढ़ के बैठी है!

तेरा कहना

गुलों के ढेर और नारे
ये जलसा और जय जय कार
समझ में आ रहा है क्या ?

तेरा कहना :
"कि हाँ...कुछ कुछ समझती हूँ!
मगर इस लम्हा मुझ को याद आता है,
वो अंगारों भरा रस्ता
जूनूँ के इक सफ़र में थे,
कि जब पाँव के अंगारे
तुम्हारे सीने के अन्दर दहकते थे।

बुझे इन कोयलों पर अब
ये सारी फूलों की बारिश
और उस पे आज ये बेक़ाबू आँसू
ये शोर-ओ-ग़ुल, ये नारे और ये जलसा!
ये सब क्या तुम समझते हो ?"

दंगों का दिन

बारह का घड़याल बजा
और दिल भर के दो हाथों में
उस ने अपनी उँगलियों से
तवे के ऊपर रोटी डाली
थक हार के जब घर लौटता है वो,
रोटी चाहिए गर्म उसे
और वो भी उस के हाथों की।

जलने लगी रोटी पर
गीला हाथ न फेर सकी
हाथों से जाँ
आँखों में आई
और दहलीज़ पे गड़ के रह गई
एक बुलावा आया था।
"हस्पताल के मुर्दा घर तक, चलो, उठो
उस की लाश की, चल के पहचान करो।"

तूफ़ाँ की तरह उड़ कर निकली
इक चीख़ उधड़ती चली गई थी रस्ते में
और तवे पे,
रोटी जल के
कोयला हो गई!!

केक का टुकड़ा

होटल की छत पर बैठे
रहमदिली से फेंका उस ने
चौकलेट केक का एक बड़ा सा टुकड़ा
रस्ते के कुत्ते के लिए!

कुत्ता लपका...
होटल के साए में खड़ा
गन्दा एक फटीचर लड़का
जान का ज़ोर लगा कर भागा
कुत्ते की रफ़्तार को मात किया,
और क़ब्ज़ा जमा कर टुकड़े पर,
कुत्ते को मौक़ा न दिया,
और बेग़ैरत फाँक गया।

छत पर बैठे
रहमदिल ने
शेवराज़ रीगल व्हिस्की का प्याला
होंठों से लगाया
और कहा...
उफ़्फ़! ये हलकट छोकरे!!

अफ़सोस!

सैकड़ों हाथ
स्पर्श करें
बड़े बुज़ुर्ग
इन पैरों पर
अफ़सोस मगर
अब बचा नहीं है
एक भी हाथ
इन कन्धों पर!

बद-दुआ

जीने की बद-दुआ के साथ
मौत की इक दुआ भी है
इस अन्धेरे रास्ते पर
रौशन एक चिता भी है!

शोहरत

शोहरत मतलब
पहले दिन तो
फूलों का...
सहरा और साफ़ा!
दूसरे दिन
उन फूलों से
कूड़े में
कुछ और इज़ाफ़ा!

पंखे में

हवा जो हर जगह है, पंखे में नहीं रहती
खुदा जो हर जगह है, मन्दिर में नहीं मिलता!

जाल

दिन से दिन के धागे
जोड़ जोड़ कर
शहर बाँधता हूँ मैं
एक जीने का!

काल कहता है,
मैं जाल बुनता हूँ,
साथ शहर के,
तुझे पकड़ के रखने का!!

एक और संत सावता माली

आम बग़ीचा, तुम्हारा
ख़ूब फला है
फलने दो,
फलना फूलना ही तो धर्म है पेड़ों का
लोग आते हैं
फल खाते हैं
खाने दो,
खाना ही तो एक स्वभाव है लोगों का
मीठे पे दुआ
खट्टे पर गाली देते हैं।
देने दो,
गाली, दुआ, देने के लिए हैं।
कुल्हाड़ी लाते हैं कुछ
शाख़ें काटते हैं।
काटने दो,
काटना ही तो काम है ना, कुल्हाड़ी का
कोई ऊपर चढ़ता है
गिर पड़ता है
गिरने दो,
दस्तूर है वो तो ग्रेवटी का
आप को कोई दर्द पशेमानी भी नहीं?

उन पेड़ों से क्या,
आप का कोई रिश्ता नहीं?

था.... रिश्ता था!
जान लेवा था,
जिस वक़्त खुदाई की थी
पौधे बोए
निगरानी की
बस वहीं तलक!

जब पौधे फले फूले, बढ़ने लगे,
तब वो रिश्ता जड़ से लगा
और ज़मीं की कोख में जा तहलील हवा
अब वो पेड़ हैं.... और रिश्ता
मट्टी के जो ममता देती है
सूरज के जो धूप छिड़कता है
बारिश के जो पानी देती है
मैं मालिक हूँ.... बस!
"सात बारह" के उतारे का!!

जाते जाते...

जाते जाते गाऊँगा मैं
गाते गाते जाऊँगा,
जाने के बाद भी
इस आकाश के गीतों में
रह जाऊँगा मैं!

शौक़

चिराग़ देख कर
माँग लेना रौशनी
परिन्दे देख कर
आसमान माँगना
इस तरह का शौक़ भी
अच्छा नहीं है।
जोत जलती है
तो मेरे लिए
पंछी उड़ते हैं
तो मेरे लिए
इस तरह समझना भी
वाजिब नहीं है!!

चारवाक

मुझे लगता है यूँ है तो
यूँही सही है
मुझे तस्कीन है जिस में वो अच्छा है।
तुम्हारा कहना....
तुम ख़ुद में ही सब कुछ हो
मैं वो भी मानता हूँ
मगर जब लाखों रिश्तों में
बँटा इन्सान का 'मैं' और दस अतराफ़
बढ़ कर फैलता है।
बदल जाते हैं तब रस्ते हमारे
इस लिए कि 'मैं' बदल कर हम 'हम'
की सूरत में नुमायां
हो चुका होता है तब तक!

मराठी पन

अपना मराठी पन,
खोजा था मैंने,
सयादरी के पहाड़ों पर
और सन्तों की बानी में
इतिहास के पन्नों में खोजा!

उस पर सारे लोग हँसे और बोले
हम ने ढूँढ़ा अपना मराठी पन
भूमि के लोगों के मन में
उन के ज़ख़्मों, उन के ख़ून में
जहाँ सूरज की किरन आह भरती है
और मराठी पन से आगे बढ़ कर
सारे आकाश को घेरा डाले हुए है!!

दूर

मेरा जी है....
उबलता खौलता ये दर्द तेरा
मेरी आग़ोश में लेकर
उसे बर्फ़ाब कर दूँ
बुझा दूँ अपने सीने में
मगर....
मेरी आग़ोश से तू
हज़ार क़स्में दूर है!

लफ़्ज़

लुग़त में एक लफ़्ज़ जो
'मायूसी' है
जो मेरे इस्तेमाल से बरी रहा
लुग़त से दफ़तन ही वो
उतर के मेरे घर में आ गया है अब
सफ़ेद दरगाह की तरह....
एक पिंजर,
सिया रज़ाई को लपेटे जिस्म पर
वो धीरे धीरे बढ़ रहा है,
दबे क़दम
वो हर तरफ़ महसूस होता है
हर जगह...
इन्तक़ाम लेता हुआ!!

पालकी

चार छः ये कोयलें
सुबह सुबह गाती हैं
ज़री कढ़े सुरों की एक
पालकी बनाती हैं।

सर्हदों से मौत की
मुझ से अल्हाड़ों को फिर
पालकी में डाल कर
ज़मीन पर उतार देती हैं!!

तब भी

नहीं रहूँगा
मैं तब भी रहूँगा
तुम्हारी पलकों तले लरज़ते
नमी के क़तरे में,
उल्झा उल्झा...!!

इसी तरह मैं
हँसूँगा तब भी
कहूँगा,
अब तक
हूँ एक उल्झन!

अहसाँ

मेरे घर की दीवारें
थीं भूसे की
आज अचानक चारों तरफ़ से
मेरे बदन पर गिरते गिरते
संगे मरमर बन के गिरीं
मालिक!
आपका अहसाँ है
पर बेरहम बहुत है!!

हौदा

हौदा अच्छा ही होता है
बैठने में दिक़्क़त होती है, फिर भी
बढ़िया है....
क्योंकि नीचे हौदे के,
हाथी होता है....
जो क़स्बे में आते ही
बच्चे बूढ़े आ जाते हैं
हाथी का नज़रा करने!!

आख़री धमाका

आख़री होगा धमाका जब
नस्ले आदम ही नहीं तब
ख़त्म होगी...
'ताज' और कैलाश भी
शेक्सपीयर और कालीदास और....
ज़र्रे ज़र्रे से हुए तामीर जो
चाँद तक पहुँचे हुए
इल्मओ हुनर के आस्माँ छूते सुतून,
बुद्ध और ईसा के से पैग़म्बरों के
रहम व रहमत के शिवाले
जो करोड़ों सीनों में आबाद हैं
सब ख़त्म होंगे,
और ज़मीं पर जो बचेगा, वो फ़क़त
राख और दलदल का आलम!

और शायद....
इस ज़मीं के ख़क्दां से
ज़िंदगी की ग़ैर फ़ानी आरज़ू से
घास की इक सब्ज़ कोंपल
फिर किसी दलदल से निकले!

गुड़गुड़ाता इक "अमीबा"
और दोबारा शुरू हो
तख़लीक़ का पहला ही बाब
लाखों सदियों पहले होने वाले
बरहम चक्कर के
दूजे दायरे की इब्तेदा!!

क़िला

यूँ मरा ही रहता है
कराहते कराहते लेकिन कभी
जाग जाता है
दूर से आए हुए सैयाहों को
कुछ फ़ख्रिया क़िस्से कहने के लिए
भूत ग्रस्त...कुछ बालकों को
थोड़ा बहलाने के ख़ातिर
और सैयाहों के थैलों से
महके पकवानों की ख़ूशबू सूँघ कर
बुर्जियों के साथ फिर
अपनी ग़शी में लौट जाने के लिए
जाग जाता है कभी
यूँ मरा ही रहता है!

हामी

लहू से लथ पथ, सामने आकर खड़ी हुईं
और बोलीं तुम
"मुझे नहीं जीना है अब।"
मैंने कहा था,
जीना पड़ेगा,
वो भी मेरे साथ तुझे।
जिन्होंने तुझ को छलनी किया है
उन के लिए.... अस्लाहख़ाने में
वो ख़न्ज़र और तलवारें हैं,
जिन्हें कड़कती बिजलियों पर धार लगी है!
पल्लू से चेहरे पर बहती लहू की धारें
पोंछीं तुम ने और कहा....
"तो चलो....!"

सिवा

मुझे आता नहीं है, प्रान्त देखूँ
बिना इस देश को देखे
मैं सिर्फ़ इस देश को देखूँ,
बिना देखे ज़मीं को,
ज़मीं देखूँ, बिना ब्रह्मांड के, मुम्किन नहीं है
नज़र आता नहीं ब्रह्मांड मुझ को
बिना मेरे!
तस्मात शिवाय नमः!

तन्हा

अनगिनत गलैक्सीज़ के इक सफ़र में
ये दुनिया चल रही है
कायनात में,
और इक कायनात की जानिब
काल बिन, बिन अंत, बिन आग़ाज़, बिन मक़सद, दिशा बिन,
किस क़दर तन्हा है दुनिया
कायनात में!!

क्लोजिस

वो 'विटी' पर जब होता है
कुछ नहीं होता...!
फ़क़्त इक शाख़ हस्ती पर लटकता
थकी माँदा सी गुच्छा हड्डियों का
पसीने में सराबोर एक ढाँचा
नीफ़ इक जिस्म पर वो भीड़ की रफ़्तार सहता
बड़ा बेजान सा बहता हुआ
''कुर्ला'' की जानिब
किसी नाली के कीड़े की तरह
वो हिस्त नीस्त!!
मगर ''कुर्ला'' की सिंगल खोली में पहुँच कर
चटाई, चारपाई पे वो गिर के और मर के
दोबारा उठता है जब
दिया जलने की उजली रोशनी में
हो चुका होता है वो एक 'महाकलोजिस'
बाप
भाई
बेटा
वो रौशन चूल्हे का स्वामी
वो सिंगल रूम की छत पर
वहाँ लटकी हुई क़न्दील का
मुहाफ़िज़!!

वो अट्ठारह लगामें ज़िन्दगी की थामने वाला
वो अट्ठारह सुनहरे घोड़ों के सर पर,
वो चट्ख़ाता हुआ चाबुक
चला जाता है अपने 'ग्रह मंडल' का लिए कुन्बा
फ़ख़्र से, कायनात हस्ती में!
सरापा "सूर्य नारायण!"

दुआ

‘महापुरुष’ जब मरते हैं तो
जगह जगह के संगे मरमर
जाग उठते हैं!
चौक में उनका बुत रख के, फिर उस के अन्दर...
चुन कर उन की आत्मा को
एक दफ़ा फिर मार दिया जाता है
इस बार हमेशा को शायद!
इसी लिए तो महापुरुष की मौत होती है,
दो दो बार!
एक बार दुश्मन के हाथों,
दूसरी बार, भगतों के हाथ से!
संगे मरमर की वो मौत मिले न तुम को
इस शुभ दिन पर दिलओ जान से मैं ये दुआ करता हूँ!!

हैरत

आदिवासी बुढ़िया वो
जान की मारी गिरती पड़ती
एक पहाड़ी के कोने से
ऐसे सट के खड़ी रही
पत्थर से चिपकी छिपकली जैसी, उधड़ी खुदड़ी,
नंग धड़ंग
झुर्रियों से भरी चमड़ी में ठँसी
हड्डियों का पिंजर!
इक पल आदिवासी बनकर देखा मैं उस की तरफ़
उफ़्फ़ तोबा!
उस की छाती के लटके लोथड़े से
झूल रहा था, अपना पार्लियामेण्ट
और दूसरे लोथड़े से
हमारा साहित्य सम्मेलन!!

सो जाऊँगा माता जी

सो जाऊँगा माता जी
इस बिस्तर पर सो जाऊँगा
और उस बिस्तर पर भी सो जाऊँगा मैं!
उस बिस्तर पर सोऊँगा जब
एक हिसाब बराबर होगा
सुर्ख़ सियाही की इक लाइन
केस पेपर के नीचे खींच के
दवा यहाँ पर ख़त्म हुई
म्युनिस्पलटी के दफ़्तर में
एक दाख़ला!
इक वोटर ख़ारिज
इक गाहक चुकता
इक दोस्त गया
इक बाप गया, इक भाई गया
ये ख़त्म हुआ, वो ख़त्म हुआ
किसी को ये महसूस नहीं होता, लेकिन
इक इन्सान ख़त्म हुआ!
आकाश गया इक
एक ज़मीन गई
दुनिया का दस्तूर यही है
ताक़त भी यही है, माताजी!

इन्सान बन्द हुआ तब भी
सब रिश्ते दाइमी होते हैं
इसी लिए तो....
क़ब्रों पर, पेड़ों के फूल ही चढ़ते हैं
ये दिल नहीं चढ़ते उन पर

हुक्मरान है ज़िन्दगी हर जा
शर्म की मारी मौत यहाँ
कुछ देर तो रेंगती रहती है
कैक्टस में घूमते ज़ख़्मी नाग की सी
और फ़क़त....
फूलों की दुकानों पर
लाइब्रेरी की अलमारियों में
जन्म वन्म दिन की ओबासियों में
और शायद....
और शायद ही.... माताजी
इतने करोड़ों लोगों में
एक आध किसी पगले यार की
यादों में!!

डाक बंगला

इंदौर के रास्ते पर वाक़्य
है नर्मदा के किनारे पर जो
अकेला तन्हा सा डाक बंगला....
(तुम अपनी फ़ोटू से झाँक कर पूछती हो मुझ से)
'उसे ख़बर हो गई है क्या...?'

ख़बर हुई होगी उस को, क्यूंकि
वो "कारवार" के रास्ते पर
बयाबां में गुम है आदिवासी जो डाक बंगला
अकेले उस में क़दम रखा तो
तमाम दरवाज़े खिड़कियों से
दबी हुई एक आह निकली थी सरसराती
उसे ख़बर हो गई थी..... यानी!!

अगर किसी एक को ख़बर है
तो सब को मालूम हो चुका है
वो डाक बंगले हैं
सब्र की गहरी तह के नीचे तड़पने वाले
हमारे तहज़ीबी घर नहीं हैं!!

सातवाँ

चमचों के स्टेंड पर.....
सात चमच थे, हमेशा
एक चमच, एक दिन गुम हो गया
छः बचे थे।
छइयों के लब से ही पहली बार
बेअख़्तियार एक सिसकी निकली
बोल उठे, "वो होती तो....
खोता नहीं वो!"
मैं भी मजबूरन...
सातवां चमच हुआ
और उस की ख़ाली जगह लेकर
छ, छइयों की सिसिकयों में
हो के शामिल, बुदबुदाया,
"सच है यारो,
वो जो होती,
मैं खो न जाता!!"

तहख़ाना

वो हँस रही जो बिखरी बिखरी
मैं उस हँसी की सीढ़ियों से उतर के नीचे
नीचे गया, गहराई तक...
और नीचे एक तहख़ाने में, मैं
तहख़ाने की तामीर अच्छी थी
संगे मरमर का
एक तहख़ाना
वहाँ भी था
ताज महल का सा
छोटी सी
इक क़ब्र भी थी
ढाँप के रखी हुई
वो भी गुलाब की पत्तियों से
लोबान की गाढ़ी सी ख़ूशबू में लपेटी
झूलती क़न्दील की मद्धम सी हलकी रौशनी में
बन्द पड़ी थी।
शाम के जल कंवल जैसी
तो समझ में आया
बिखरा बिखरा, उस का हँसना
ताज महल था!!

ख़ामोशी

एक थके से पेड़ के पास,
कोयल आई,
बोली, "गाना गाऊँ क्या?"
पेड़ मगर कुछ बोला नहीं
कोयल उड़ गई!

और थके से पेड़ के पास
आई बिया और बोली
"मैं घोंसला बना लूँ क्या?"
पेड़ मगर, कुछ बोला नहीं
और बिया भी उड़ गई।

एक थके से पेड़ के पास,
चाँद की फाँक आई, और बोली
"शाख़ों में छुप जाऊँ क्या?"
पेड़ मगर ख़ामोश रहा
चांद की फांक भी लौट गई!

और थके से पेड़ के पास,
बिजली आई
बोली, "क्या आग़ोश में आऊँ?"
पेड़ की टूटी ख़ामोशी

और उस के रोएँ रोएँ से
इक़रार का तूफ़ान उठा!
हाँ हाँ का तूफ़ान उठा!!

आसमान तू

सात जन्म की दुश्मन थी
ये सारी ज़मीं जब,
किस के दर पर लेकर जाता
अपनी बेचैनी की ज्वाला
मेरी नम आँखों को तब
आसमाँ तुम ने देखा था!
खींच के नीली बाँहों में
सीने से लगाया था मुझ को
कुछ पूछा नहीं....
न कोई नसीहत और मलामत की तुम ने
बस अपनी चाँदनी में
घोल दिया था तुम ने मुझे!!

आसमान बताता है

ऐसा है तू....
वैसा है,
बार बार मत कहो मुझे,
गो तुम्हें नहीं,
पर आसमान को, तो बेशक
एक हज़ार दफ़ा बतलाया होगा
मैं कैसा हूँ!
सोंधे जिस्म के जंगल में
जब ये मन फँस जाता है, तब
पच्छिम के सिंदूरी मांस में
आसमान दो होंठ डुबा कर,
कहता है तसल्ली दे के मुझे
आसमान भी तो ऐसा ही होता है!!

पालकी

सुबह तारों की शाख़ों पर
आ रही है, पालकी
मेरे दर पे, उतरेगी
केसरी, किरनों के, परदे में
बैठा होगा
गीत एक कोयल का!!

मैं पूछता हूँ...

दूर दराज़ के तारों के बारे में तो
मैंने कोई बात नहीं की
उनके मालिक आप नहीं हैं!
लाखों नूरी सालों की दूरी पर
वो उजली रौशनियाँ
कभी उगेंगी
मुर्झाएँगी
घनी घटाओं के जंगल में कभी कभी
ग़ायब भी हो सकती है!

मैं पूछता हूँ
आप की मिल्कियत हैं...
आप के ज़ाती आसमान के
तारों के बारे में...चूंकि
वो गर बुझे हुए होंगे
वो दूर दराज़ के तारे तो क्या,
लाखों सूरज भी,
आप की राह में
सिर्फ़ अमावस ऊड़ेलेंगे!!

झगड़ा

असलियत दो हैं
इक मिट्टी है, इक आकाश
आप के अन्दर, और मुझ में भी
मिट्टी ज़मीं से आई थी
और आकाश ख़ला से आया।
एक हुआ दाख़िल देह में, जिस्म के अन्दर
और दूसरा मन में आन बसा
फिर झगड़े दोनों.... ख़ूब लड़े
इस का काला, उस का नीला
कुछ ख़ून गिरा!!

आख़िर काला जीता उस का हुक्म चला!
मिट्टी तब शर्मिन्दा हुई
और उस के काले भूरे ज़र्रे
आकाश दरारों में जा कर
आकाश का नील पकड़ते हैं!

इस लिए

नज़्म को कुछ भी फ़तह करना नहीं था
हारने का डर नहीं था इस लिए
पैदा होने की भी कोई ज़िद्द न थी
मौत का भी रंज नहीं है इस लिए

मेरे घर में

मेरे घर में
फ़क़त अल्फ़ाज़ का धन है
गिला कोई नहीं उस का।

मगर महसूस होता है
कि लेते देते लफ़्ज़ों को
कुछ ऐसा हो गया है
ये दिल भी इक धड़कता लफ़्ज़ बन के रह गया है।

नाटक

हूँ नायक और खलनायक भी मैं
मैं सूत्र धार भी और मस्ख़रा भी
बहुत से, मुख़्तलिफ़ किर्दार अदा कर के
मेरा अब 'मैं' कहाँ बाक़ी बचा है?

अन्धेरा

मुझे क्या चाहिए,
पल्ले नहीं पड़ता!
कहाँ है वो, कहीं मिलता नहीं है
कहाँ और क्या, के इस गहरे अन्धेरे में
जो है वो भी नज़र आता नहीं है!!

मिडल क्लास सोच

कल कहूँ
कि आज केहना चाहिए
या फिर बिना कुछ भी कहे
इस दिल का मैं इज़हार कर दूँ?
कुछ ऐसा सोचने में
दबे पाँव
सोलह बरस गुज़रे
और इस दौरान में, वो
शगुफ़े चार ले कर गोद में
सामने आई..... शगुफ़्ता बेल मेरी!!

मिडल क्लास

मिडल तबक़े के होते हैं
हज़ारों मसले लेकिन
भयानक एक मुश्किल है
बड़ी दहशत में रहते हैं।
परेशाँ करता है इक ये सवाल उनको
कि चाय कप में पीनी चाहिए,
या तशतरी में!!

शरीर

शरीर मेरा है, लगता है, पर
कभी कभी यूँ भी लगता है मैं शरीर का हूँ
वही है मालिक!
कि मटके में पानी शकल लेता है मटके जैसी
कि धागे का सूत सारे का सारा
कपड़ा हो जाता है आख़िर!
मैं एक धागा, शरीर ने बुन लिया है जिस को
शरीर मटकी है, और कपड़ा!
लगता है मैं शरीर का हूँ!!

मालिक

मैं बेपनाह लफ़्ज़ों का, लगा के ढेर बैठा हूँ
कि ज़ख़्म लगता है तो लफ़्ज़ लफ़्ज़ भागता हूँ मैं
लफ़्ज़ हो गए हैं मेरी ज़िन्दगी के हुक्मराँ
शिकारी अब दरन्दों का शिकार है!!

चिराग़

घना अन्धेरा, और घनेरे जंगल में
जैसे इक राहगीर को दूर चिराग़ दिखे
वैसे तेरी आँखों में मुझ को,
काश इक रोशन आँसू आज नज़र आए!!

ड्रामा

नाटक होगा
या सब नाटक ही तो है
इस में मुझे अन्देशा नहीं!

अन्धेरे की पगडंडी से
उतरे मुझ मुसाफ़िर पर
यूँ जान निछावर की जाए
ऐसी कोई वजह नहीं है!

नाटक ही सही....
चतुराई से लेकिन गुंधा है तो फिर
उस का दाम....
मेरी मेज़ान में है ही नहीं!!

दरजा

तुम्हें मैं बारहा बतला चुका हूँ
चवन्नी दरजे में बैठा हुआ हूँ मैं
यहीं पर बैठने को क्या रज़ामन्द हो?
अगर न कह दिया तो,
फँस गया, समझो!!

गुलाब

लोग कहते हैं यही
ख़ार बिन कोई गुलाब होता नहीं

एक भी काँटा मगर इस फूल पर है ही नहीं
क्यारी क्यारी ओस के क़तरे जमे रहते हैं बस!

इस लिए कहता हूँ मैं
आँसू बिन कोई गुलाब होगा नहीं!!

कब ?

जो है उस पर तो क़ब्रें बाँध
जो है ही नहीं, सिंगार करें
ख़ाली ख़ाली मन की हर दिन
काल नदी से कलसी भरें

जायज़ है शायर का कहना
जीना इक दीवानगी है
और दीवानगी की तह में
कुछ कर्ब हैं जलते रहते हैं!!

बावरे

ऐसे पगले बावरे जब
बाज़ार में जाते हैं
कम लाते हैं सौदा लेकिन
दाम ज़्यादा दे कर आते हैं
हो न हो गाड़ी में ''गर्दी''
खड़े खड़े करते हैं सफ़र,
और कोई आए तो वो मायूस न हो।

घड़ी कलाई पर है लेकिन,
बिन चाबी के बन्द रहती है
देरी हो जाती हर जा,
रफ़्तार हमेशा मंद रहती है
कुर्ते के बटन गुम जाते हैं,
बूट भी एक ही मिलता है
बाद मियाद के अक्सर बैंक में चेक तुड़वाने आते हैं

मेज़ में घुस जाते हैं, दफ़्तर में कागज़ गुम जाए!
घबराहट में गिरते हैं पैसे,
और दवात उलट जाती है
गिरते पड़ते ठोकर खाते,

दुनियादारी में नाकाम
बिस्तर इस दुनिया का है, और बोरिया दूसरी दुनिया का

पर कभी कभी जो हुआ नहीं हो जाता है,
ऐसे बावरे लोगों ही से फट पड़ते हैं ज्वालामुखी
कुछ महा-बावले जाते हैं
इन्सानों को हैवानों से कुछ अलग कर जाते हैं।

महा-बावरों का सदक़ा है
नसल हमारी क़ायम है!!

तमाम

'मैं' तो सिर्फ़ एक हूँ...
सरापा 'मैं'...जहाँ भी हूँ
उसी से मेरे...
पंख भी, ये कर्ब भी!!

आग

ख़ूबसूरती की जुस्तुजू में आया था
दर्द से यहाँ पे मुलाक़ात हो गई
ख़ूबसूरती जहाँ है उस के इर्द गिर्द
हम ने इक चिता की आग बो के रखी है!!

इक़बाल

मैं...
लफ़्ज़ बाज़ हूँ
लफ़्ज़ों की तवायफ़ें
छज्जों में खड़ी खड़ी
इशारे करती हैं मुझे!
जलाने वाली कीम्याओं से
पिघला के सब रुकावटें
मैं दाख़िल होता हूँ
मम्नू बन्द दरवाज़े खोल कर
सीधा अन्दरून में,
बिना कोई हिसाब मानों के किए!!

पगडंडी

अंत नहीं इस रस्ते का
रास्ता लेकिन है तो सही
उस पर फ़िरदौस का ग़ालीचा तारों से भरा

मंज़िल भी नहीं, तो फ़िक्र नहीं
इस पर चलना ही मुबारक है
चौक चौक पर, रखी सराय
रस, ख़ुशबू से भरी सुराही
इस राह की सिर्फ़ मुसाफ़त ही
दिलचस्प हसीं, कारअमद है!!

गुनाह

मैंने कहा था
चाँद पुराना लगता है
उस की तशबीहें
कितनी बार अब दोहराएँ
लेकिन तुम पर इतना ज़्यादा
चाँद उतरा है
और कोई तशबीह यहाँ
सिर्फ़ गुनाह लगती है!!

पेड़

ऐसे आती हो तुम
जैसे बिजली गिरती है
मिट्टी का सारा मोह खींच के
आकाश में जलती शाख़ें घोंप के
रौशनी के वां पैर टटोल के
मजबूर पड़े
पेड़ के पास!!

जो हुआ नहीं

पौ फटते ही दूर उफ़क़ पर,
बुझने के लिए
तैयार हुआ,
राह पे जलता एक दिया।

आकाश से इक तारे की किरन
तब उस को बोली
(क्यों, ये सिर्फ़ ख़ुदा जाने)
सिर्फ़ घड़ी भर, और ठहर
तेरी रौशनी,
आँख में रख लूँ!!

लम्हे भर को

माथा टेक के
जैसे गईं तुम
मजबूर मेरे
दो पैरों पर...
इन पैरों को
शिद्दत से
दो होंठ होने की,
ख़्वाहिश हुई थी!!

राहगीर

ग़ैब का इसरार और कुहरे में धुँदला
धुँदला लहराता हुआ तेरा वजूद
तुझ तलक पहुँचा है कोई और न पहुँचेगा कभी
मैं भी नहीं
और फिर भी,
नारसा के पास, जाती राह पर
मैं मुसलसल बढ़ रहा हूँ आगे आगे
रफ़तार से सन्ना चुका है मन मेरा
वो जगह भी अब नहीं है ज़हन में
जिस की जानिब जा रहा हूँ
और ज़रूरत भी नहीं है
उस तलक पहुँचूँ!
क्यूँकि ये रफ़्तार ही अब हासिले रफ़्तार है
ये सफ़र ही...
हासिल सफ़र का है!!

जोगन

चाहता मैं ना-सितक्ता हूँ
लेकिन सैकड़ों सालों की
दिल में बैठी, गले पड़ी
आ-सितक्ता हटती नहीं, मुझ से!

स्टेज पे जलते चिराग़ों में
सद रंग बिखेरती कहकशाँ सी
सुर बाँध के पैरों में रक़्सीदा
रक्क़ासा लुभाने वाली मुझे,
है खड़ी हुई दरवाज़े पे मेरे मन्दिर के!

लेकिन मैले कपड़ों में
तारीकी में घिरी हुई
बस एक ही गीत इकतारे पर गाने वाली,
मायूस उदास ये कम गो जोगन
गर्दन टेक के दरवाज़े के खम्बे पर
बैठी है रस्ता रोके हुए
दाख़िल होने की सीढ़ियों पर!

अजनबी

हज़ारों आँखों का पानी
मेरी आँखों में जमा है
हज़ारों नारे, आवाज़ें
मेरी आवाज़ में सब गूँजती हैं।

हज़ारों दर्द जिस्मों के
जला करते हैं मेरे जिस्म के अन्दर
हज़ारों हाथ जब तस्लीम करते हैं
पिघल जाता है मेरा ही ग़रूर उन से
हज़ारों दिल जो भर आएँ
तो भर आता है मेरा दिल!
मेरा रिश्ता हज़ारों से
कुछ ऐसा ही जुड़ा है
सब ऐसा है मगर फिर भी
हमेशा अजनबी रहता हूँ मैं!
हज़ारों से परे जंगल में
मेरा आशयाना
बड़ा, भर पूर है मुझ से
मगर महदूद है मुझ तक!!

बूँद

अज़ली ये गहरा तालाब
कोने में जिस के, 'विश्व कंवल'
खिला हुआ है रोज़े अज़ल से,
और कंवल की इक पत्ती पर
गिरे हुए शबनम के क़तरे
थर थर काँपते उस क़तरे को
हम इन्सान ज़मीं पर, सब
ज़िन्दगी, ज़िन्दगी कहते हैं!!

उन के लिए

भगवान, जिन्हें मालूम नहीं
है उन के लिए मन्दिर
बुत बड़े बड़े, धूप और अंगारे
पूरा झमेला पूजा का!

धर्म नहीं जो समझते उन को
सदियों पुरानी पोथियाँ और
मुर्दा अल्फ़ाज़ की क़ब्रों से
लिपटा अन्धा-पन!

लूल्हे लँगड़े, कुचले ज़मीर, ज़मीं के हैं जो
उन के लिए, पाक हसीन ख़याले जन्नत

जो महसूस नहीं करते
दिल के चलन!
उन को.......
ग़ौते खाते मर्द औरत के दस्तूरों की बेड़ियाँ

जो डरपोक,
देख नहीं सकते इन्सानी ताब का चेहरा
उन के लिए हैं बेबस आँसू
रहम के बहते झरने!!

फ़ासला

ये फ़ासला है तो
कुछ नदियों का
कुछ घाटियों और पहाड़ों का
मैदानों की वीरानी में
सिया जटाएँ झटकाती नाराज़
गुसीली आँधियों का
देहात की बस्ती की हद पर
कुछ टूटे फूटे मन्दिरों का
पर है ये फ़ासला बहुत ज़्यादा
बहुत ज़्यादा....

लेकिन फिर भी
आधी रात मच्छरदानी से बाहर निकला
तेरी पुकार का एक सुन्हरा पंछी
सैकड़ों तूफ़ानों के तांडवों पर
कुहसारों पर
मन्दिरों के, गुंबदों की, चोटियों पर....
और बेलाग वसी समन्दर पर
अपने परों की नर्म मुलायम पर्छाईं का
पंख फिराता
आया होता कुछ ऐसे ही
पास मेरे!!

भँवर

भँवर में डूबते
मुसलसल डूबते,
      और तह तलक गिरते हुए
      पत्थर की मानिन्द
मुकम्मिल डूब जाता हूँ
हरी काई लगी उस आबी तारीकी के अन्दर भी
उसी पत्थर की मानिन्द
बचा रहता हूँ मैं
मैं बज़ाते ख़ुद!

बदन पर झेलता हूँ
बड़े वज़नी भँवर,
      काले, हरे, पानी
कभी उगता हुआ सब्ज़ा
कभी ज़हरीले साँप
और फिर भी......
उसी पत्थर की मानिन्द
बचा रहता हूँ मैं.....
मैं बज़ाते ख़ुद!!

निरआकार

इस ग़म की कोई शकल नहीं
रंग नहीं है, नाम नहीं
वो है तो मेरा
लेकिन मेरी पहचान नहीं
तुम भी नहीं पहचानती होगी!
मैं बस इतना जानता हूँ
रुपहली रथ तुम्हारा दूर निकलता हुआ
तैर रहा था उसी उफ़क़ पर
नील सफ़ेद बादल का सा!

उस बादल ही में जन्म हुआ
उस ग़म का जिस की शकल नहीं!
और उसी बादल की तरह
आसमानी ख़ला में घूमता है
ढूँढ़ता है, अब अपने लिए
एक आध लकीर, एक आध नाम
इक शकल कोई!!

ख़ामोशी

लफ़्ज़ ज़िन्दगी से जन्मे हैं
मौत तक नहीं पहुँच पाते
इस लिए तुम्हारी इस समाधि पर
मैं चढ़ा रहा हूँ
अपनी ख़ामोशी!

मौत जैसी, बेकरां
धुँधली और बेवज़ह
आसमां भर के
अजनबी इलाक़े की तरफ़
तैरती हुई, सफ़र करती
बेआवाज़ बादलों की इक लड़ी सी
ख़ामोशी!!

तोता

सम्राट हूँ सब पंछियों का...मैं
पिंजरे का तोता कहता है
ख़िदमत मेरी वो बजा लाता है जो
सब से अशरफ़ है!

मैं हूँ!

मैं क़ैद ख़ाना भी
और फ़र्मान क़ैद का
देने वाला भी मैं!
ये क़ैद ख़ाने का वहशी दरवाज़ा
जुड़ा हुआ आहनी नुकीली सलाख़ी मैख़ों से
वो भी मैं हूँ।

नुकीली मैख़ों पर सर पटकता, नजात को
लहू से आलूदा होने वाला, जो क़ैदी है वो
वो भी मैं हूँ!!

थकान

सारा चौगिर्दा अपना, फिर भी
अपना, कितना कहा जाए
कुल कायनात में, हस्ती को
कितना 'असल' गिना जाए

धुंध में घिरे, मंजिल, रस्ते
ऐसे अधूरे....
सिफ़र सिफ़र, मानी से भरना, भरते रहना
ख़्वाम्ख़्वाह कितना थका जाए!!

तब तक

आज का उगने वाला सूरज
कल का सूरज मारता है
कल का उगने वाला सूरज
आज मुझे ज़िन्दा रखता है।

कल और आज और कल के में
अन्होने नाते बुनता हूँ
आकाश पर अपनी आक़बत की
तामीर में जूझता रहता हूँ

ग़ैब से आई है हस्ती
ग़ैब ही में चुक जानी है
तब तक ख़ाली बर्तन में
चिंगारियाँ भरते रहना है!!

वो

मरी बे-हंग्मी को
उन्हीं ने शकल दी है
ज़मीं मेरी पे बोये
फ़िक्र-ओ-ग़म लाखों!

उन्हीं की माँगों का भूसा
घनेरे बादलों में भर आया
सितारों के दिए मेरे
मेरी आँखों से ओझल हो गए हैं।

उन्हीं ने खींचे हैं रस्ते
उन्हीं से घर बँधे हैं
मेरी इस कुव्वते-जां के लिए भी
वही खटते रहे हैं!!

उन्हीं से हाथ चलते हैं
उन्हीं से पाँव चलते हैं
मेरी मिल्कियती में अब
मेरी पेशानी पर लिखी लकीरें हैं!!

दोपहरी

ये पंछी तो
आज सुबह
बैठा हुआ था पास मेरे
भूरा आकाश का
टुकड़ा गिरा था
मेरे लिए!
ग़ैब की बख़्शी
नेमतों में से
एक मोजज़ा यही बचा था
अब मेरे दरवाज़े पर!

उस पंछी के
सीने में,
तीर घोंप के चला गया
कौन शिकारी
आज दोपहरी!!

लाल बूँद

इन वसी
दूधिया सफ़ेद बर्फ़ों पर
आँसुओं की कोई गुंजाइश नहीं
इसी लिए....
ये लाल बूँदें हैं लहू की
बिखेरती चली गई है तू!!

मेहमान

न जाने कब से,
खिड़की से लगी टहनी पे कव्वा
मुसलसल काएँ काएँ कर रहा है
कोई मेहमान शायद आने वाला है

जिन्हें आना था वो सारे
तो आकर जा चुके कब के
पड़े हैं नक़्श-पा उन के
मेरे आँगन की मिट्टी पर
और मेरे सीने के अन्दर
मगर मेहमान, ये वाला
न पहले आया है, अब से
न ये दोबारा आएगा
ये जशन आख़री होगा
मेरी मेहमाननवाज़ी का

अरे कागा
ये तीखे सुर तुम्हारे
बनाते जा रहे हैं
रसीला 'मण्डवा' शहनाई सुरों का
मेरी पहचान के चारों तरफ़ ये!!

वो एक

तब के, अनगिनत लोगों में
वो भी एक,
आज़ादी के नारे लगाता
और बन्दूक़ की गोलियाँ सीने पर लेकर वो
मर के गिरा था...
तब "गिरगाँव" के नुक्कड़ पर
पत झड़ के पत्ते की तरह!

उतनी ही आसानी से
वो झड़ के गिरा है
अब इतिहास के पन्नों से
अनगिनत लोगों के साथ!!

सब का!

हाँ यूँ तो है वो तुम सब का
सभी का, सारी दुनिया का
मगर मैं,
जिस अन्धेरी सी सुरंग से जाता हूँ मिलने
सुरंग वो ख़ास मिल्कियत है मेरी
मेरी है और मेरे वास्ते, मख़सूस है वो

कभी मैं बात करता हूँ
या कोई गुफ़तगू होती है उससे तो
ज़ुबां तब ये नहीं होती
वो मेरी और उस की, ख़ास है, दोनों की,
दोनों के लिए मख़सूस है वो!

मगर जब उस के क़दमों में
उठा कर फूल रखता हूँ
ज़मीं की मिट्टी से खिलती हुई
वो लोगों की ज़ुबां है!
उन्हीं फूलों की निस्बत से
वो मेरा, और तुम्हारा भी और सब का है!!

एक आज़ादी के सिपाही को

जलते हुए इतिहास से
शोलों से जलते हुए
जिस्म पर चादर लपेटे
आग की....
'हाल' में आए हैं आप
शुक्रिया!

लेकिन इस बर्फ़ाब में आते हुए
चार शोले 'माज़ी' के
साथ ले आते
तो अच्छा था!

आप लेकिन, ला रहे हैं
अब सिफ़ारिश नामे
उस इतिहास के
पासबानों के!!

झड़ी

सावन की
बौछार की जैसी
मूसलाधार आती हो तुम
बोलते बालते कमरे में
इक मेघ हार बुन देती हो

जाते जाते
तुम दीवार पे
इक सतरंगी टाँक गई हो!!

क़र्ज़

मेरी मिट्टी
मिटाये से नहीं मिटती
फ़लक मुझ से
हटाये से नहीं हटता
फ़लक मिट्टी के इस जद्दोजहद में
मेरे ज़ख़्मों का क़र्ज़ा
चुकाए से नहीं चुकता!!

संभल के

यहीं छलक कर
गिरे हैं सुक़रात के कटोरे से
ज़हर के तेज़ाबी क़तरे
यहीं पे गौतम की और गाँधी की पुतलियों से
वो दर्द की आँसू भरी सीपियाँ गिरी हैं
यीसु ने टपकाया, ख़ून सूली से इस ज़मीं पर
ज़रा संभल के मुसाफ़िरो उस जगह के दलदल में पाँव रखना!!

क़दरें

सातवीं मंजिल पे अपने
फ़्रिज के अन्दर पाली पोसी
ख़ूबसूरत 'सेबी' क़दरें
बर्फ़ शक्कर में लपेटी
ख़ूब हैं सब अज़ीम हैं
लेकिन.....
क़दर इक ऐसी भी है
जो भटकती फिर रही है रास्ते पर
कूड़े दानों में जुगाली कर रही है
सर्द बर्फ़ीली हवा में मर रही है
क़दर वो.....
मेरे दिल में घिर गई है
जैसे इक हमगीर बादल घेर ले!!

अब भी...

नीले जामनी दरिया में
अमराई की पर्छाईं
पहली भेंट
अन्होनी सी,
इक फ़ासले की
इक कमख़्वाबी लम्हे की
सौदामनी के तीरों के
लेन और देन की थी

मधु-मालती के फूलों से
चौगर्दा गूँज रहा था
सावन बीन रहा था
गोर के झरते पंख

भीगे हुए आकाश के नीचे
सत रंगी के टुकड़े थे
और गिरह लगी थी ज़ीस्त की
तेरे दोनों हाथों की!

रेत भरी राहों में कभी
शादाब खुले बाग़ों में कभी

काफूर के जलते महलों से
सातों सुरों से गुज़रा

मेरी ज़ीस्त का नग़मा!
तेरी सारंगी की तान
साथ रही

पतझड़ की, बर्फ़ीली पगडंडी पर
अब आगे के देश में भी
तेरे आँगन ख़्वाहिश
अब भी होती है!!

सहारा (बीज)

भीग रहा हूँ
रोआं रोआं
भीगते भीगते
मिट्टी में
फिर इक बार समा रहा हूँ
हरी कोमल कोंपल, मिट्टी
मेरे इर्द गिर्द बाँधती है
बोसीदा फन्दे, गुज़रते नाते
बार बार जोड़ती है!

और मेरे मुहाफ़िज़
धुआँ धार ये जामनी बादल
इतनी बारिश
वापस ले ले
आकाश की मुसाफ़िरी को
अब तो सहारा दो सहारा मतलब
बेसहारा............!

बुड्ढा कहता है

भीक आई है भीक
आँखें पोंछ के, बाई रे बाई
थोड़ा सा तो सीख!
तेरे लिए लहंगा आया है
आई है सदरी मेरे लिए
धान आया, पैसा आया है
साहब के हाँ से 'स्याले' आए
घर पे उस के लिए लेकिन
कुल्हाड़ी कोयेता, गिरना चाहिए
राह में ख़ून की उलटी कर के
पेट का बच्चा गिरना!

भीक आई है, भीक,
आँखें पोंछ के बाई रे बाई
थोड़ा सा तो सीख!
पाव आया, बिस्किट आया है
भाड़ और चूल्हा आया है
कम्बल आया, लीफ आया है
देख भले पर फूल आया है
उस के लिए, फिर अपने दिल की
ममता थोड़ी छूटनी चाहिए
और गुंडों के बोझ के नीचे
लाडली बेटी फुटनी चाहिए!!

परली तरफ़

एक हुजूम, बिफरा हुआ
हैवानों का
सोती हुई तलवारों का
और सुलगती जीभों का
ख़ूंख़्वार दहाड़ों का
उमड़ रहा है
इसी तरफ़
और मैं चला हूँ
भीड़ की इस ज़ालिम दीवार को तोड़ के
परली तरफ़
मिट्टी में गिरे
जिस ख़ूँ की शिकस्त नहीं मुम्किन
उस ख़ूँ के लाल जोहड़ की तरफ़!!

प्यार मतलब

चाँद और सूरज ख़त्म हुए
सारे सितारे ख़त्म हुए
ख़त्म हुए सब दरिया दरिया
सारी हवाएँ ख़त्म हुईं...!

मोरों की मानिन्द सीना फुला कर खड़े रहो
शोलों सी नज़रों से बाँध के देखो नज़रें
और कहो आग़ोश तुम्हारी
जन्नत है!

काई लगे अल्फ़ाज़ और
क़ाफ़िया बंदी से क्या होगा?
डामर की सड़क पर सावन की सत रंगी
डाल के क्या होगा?
गर्मियों के बादल की तरह
आवारा हवा में फिरते रहोगे

बहुत हुआ तो, बारह महीने, ग़म की मारी बैठी रहेगी
उस के बाद भी, क्या शादी का
दावत नामा नहीं आयेगा ?

इस लिए कहता हूँ,
वक़्त निकल जाने से पहले, आँखें खोलो

प्यार नहीं, अलफ़ाज़ की हण्ड कुलया का खेल....
जंगल की आग बनो, और आग लगा दो
जंगल की आग बनो, और आग में जलते रहो
प्यार करो "भीलों" की तरह....
तीर की नोक पे रखा हुआ
मिट्टी में उगा,
पर बादल को छूता हुआ

अल्फ़ाज़ के कुहरे में मत अटको
टीले पर परचम की तरह फड़फड़ाओ नहीं
बिखरा दो ये तूफ़ाँ सारा
जो है सीने में भरा हुआ
प्यार करो "भीलों" की तरह
तीर की नोक पर रखा हुआ!

गर्भगृह

दर्शन करने आए हो क्या?
आओ.....
लेकिन इस मन्दिर में...
इन दिनों भगवान नहीं हैं
'गर्भाघर' है, चाँदी का छत्तर है
सोने का दीपक,
हीरों की झालर,
उन के दर्शन करने में भी
हर्ज नहीं है।

घंटा बजाइए,
आइए, इस जानिब आ जाइए!
देखा ख़ाली गर्भा आपने
ऐसा नहीं है...
वो भी हुआ करता था कभी

भोर आरती पर उठता था
सेज आरती पर सोता था
बन्द कर के दोनों दरवाज़े
बारह बजे खाना खाता था
दो घंटे 'सुस्ताता' था
सब कुछ ठीक ही चलता था,
ढेरों चढ़ावे चढ़ते थे